AF219583

Impressum
Verlag: BABADADA GmbH, Nedderfeld 112 , 22529 Hamburg
Geschäftsführer / Verlagsleitung: Harald Hof
Druck: Books on Demand GmbH, In de Tarpen 42, 22848 Norderstedt

Imprint
Publisher: BABADADA GmbH, Nedderfeld 112 , 22529 Hamburg, Germany
Managing Director / Publishing direction: Harald Hof
Print: Books on Demand GmbH, In de Tarpen 42, 22848 Norderstedt, Germany

chikoro

школа

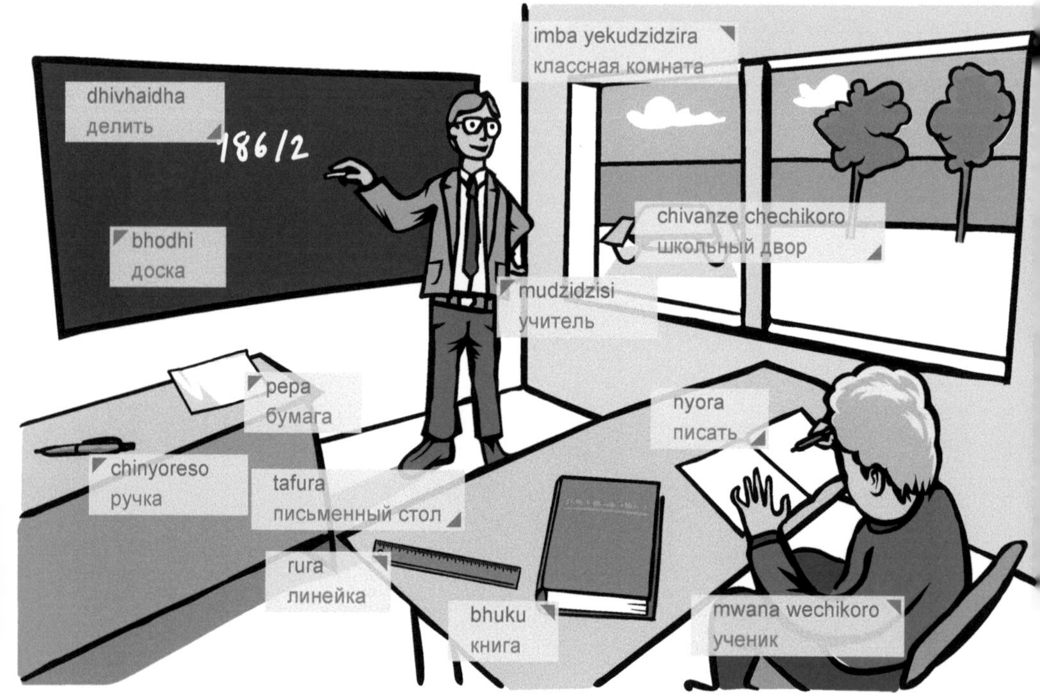
imba yekudzidzira
классная комната
dhivhaidha
делить
186/2
bhodhi
доска
chivanze chechikoro
школьный двор
mudzidzisi
учитель
pepa
бумага
nyora
писать
chinyoreso
ручка
tafura
письменный стол
rura
линейка
bhuku
книга
mwana wechikoro
ученик

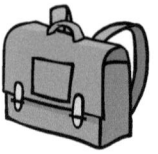

bhegi

ранец

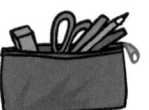

chekuchengetera mapenzura

пенал

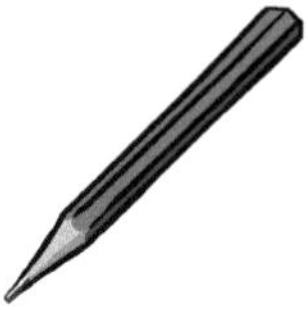

penzura

карандаш

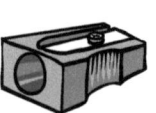

chekurodzesa mapenzura

точилка

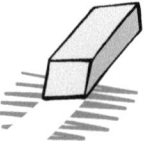

rabha

ластик

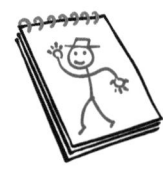

bhuku rekudhirowera mifananidzo

альбом для рисования

mufananidzo
wakadhirowewa
рисунок

bhurasho rekupendesa
кисточка

bhokisi rependi
коробка красок

chigero
ножницы

guruu
клей

bhuku rekunyorera
тетрадь

basa rinoitirwa kumba
домашняя работа

nhamba
цифра

sanganisa
прибавлять

bvisa
вычитать

wanziridza
умножать

kakureta
считать

bhii
буква

arufabheti
алфавит

shoko
слово

mashoko

текст

kuverenga

читать

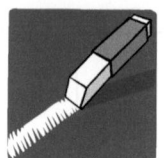

choko

мел

chidzidzo

урок

bhuku remazita

классный журнал

bvunzo

экзамен

setifiketi

диплом

yunifomu yekuchikoro

школьная форма

dzidzo

образование

encyclopedia

энциклопедия

yunivhesiti

университет

maikorosikopu

микроскоп

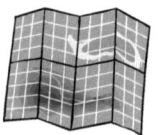

mepu

карта

bhini remapepa

корзина для бумаг

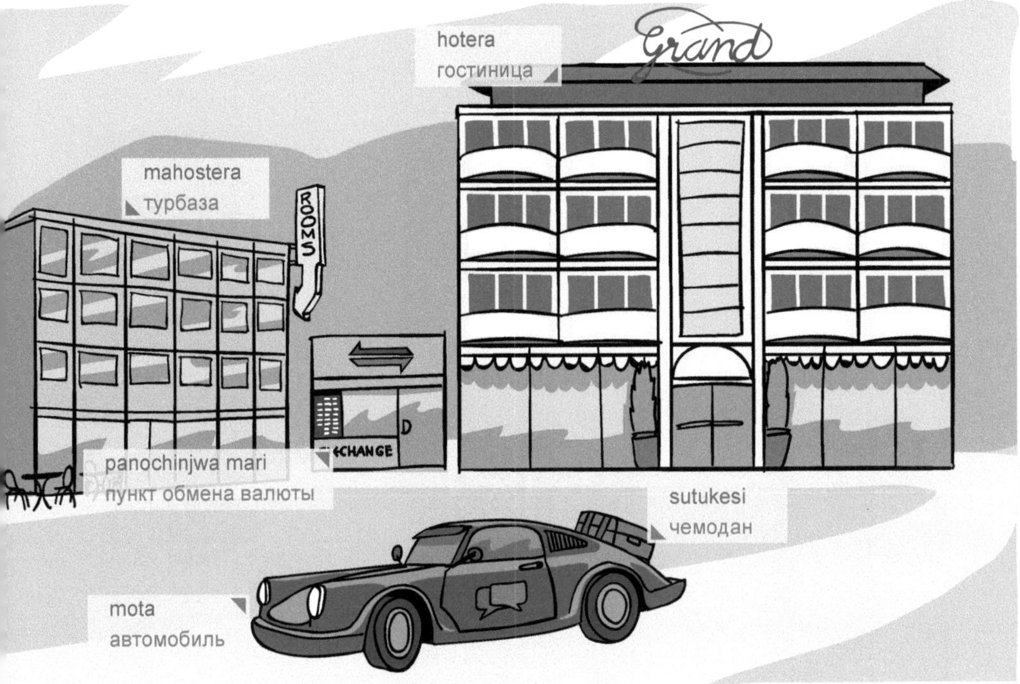

hotera
гостиница
Grand
mahostera
турбаза
ROOMS
EXCHANGE
panochinjwa mari
пункт обмена валюты
sutukesi
чемодан
mota
автомобиль

mutauro
язык

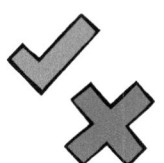

hongu / kwete
да / нет

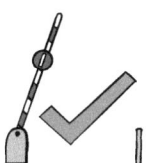

Zvakanaka
хорошо

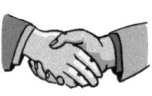

hesi
Привет

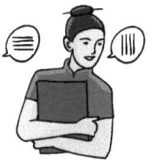

mushanduri
переводчик

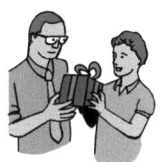

Mazvita
Спасибо

Imarii... ?

Сколько стоит...?

Handisi kunzwisisa

Я не понимаю

dambudziko

проблема

Manheru!

Добрый вечер!

Mangwanani!

Доброе утро!

Murare zvakanaka

Доброй ночи!

toonana

До свидания

mafambiro

направление

katundu

багаж

bhegi

сумка

bhegi rekumusana

рюкзак

muenzi

гость

imba

комната

bhegi rekurarira

спальный мешок

tendi

палатка

mashoko evafambi

туристическая
информация

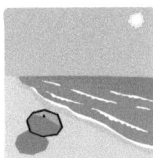

mahombekombe

пляж

kadhi rekubhengi

кредитная карточка

kudya kwemangwanani

завтрак

kudya kwemasikati

обед

kudya kwemanheru

ужин

tiketi

билет

chikwidzo

лифт

chitambi

почтовая марка

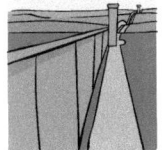

muganhu

граница

vanoona nezvekupinda
munyika

таможня

vamiririri venyika

посольство

vhiza

виза

pasipoti

паспорт

zvifambiso

транспорт

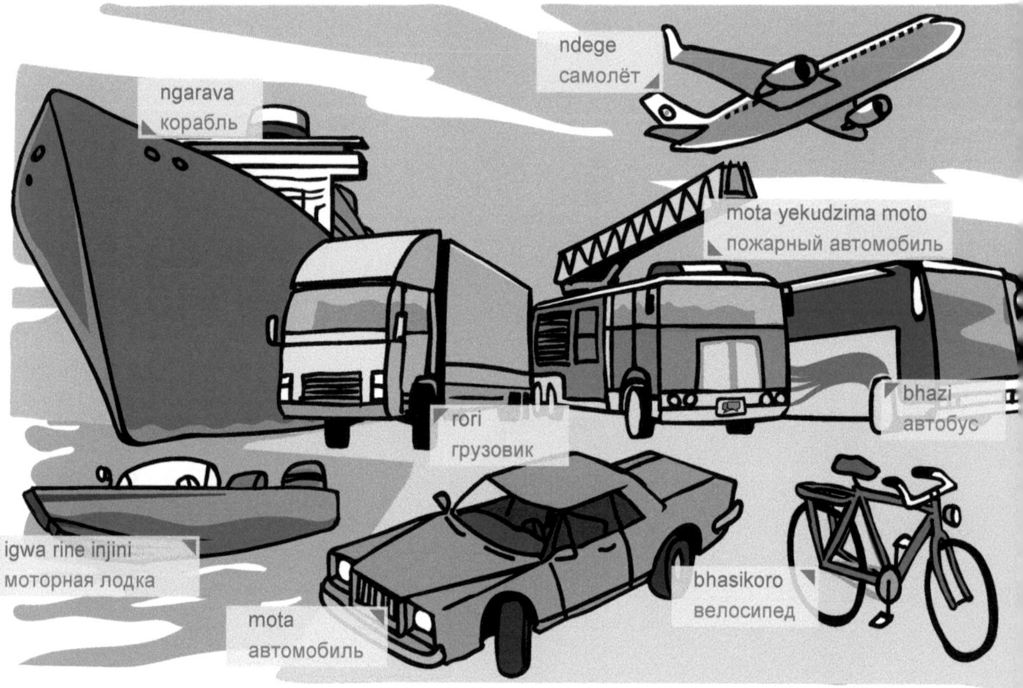
ndege
самолёт
ngarava
корабль
mota yekudzima moto
пожарный автомобиль
bhazi
автобус
rori
грузовик
igwa rine injini
моторная лодка
bhasikoro
велосипед
mota
автомобиль

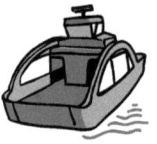

igwa

паром

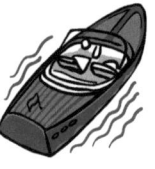

igwa

лодка

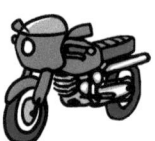

mudhudhudhu

мотоцикл

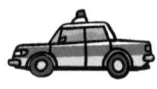

mota yemapurisa

полицейский автомобиль

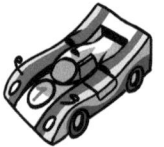

mota yemujaho

гоночный автомобиль

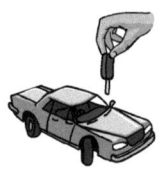

mota yekuhaya

арендованный автомобиль

kuhaya mota

совместное пользование автомобилями

mota inodhonza dzinenge dzafa

буксировочный автомобиль

mota yemabhini

мусоровоз

injini

двигатель

mafuta

топливо

garaji remafuta

заправка

chikwangwani chemumugwagwa

дорожный знак

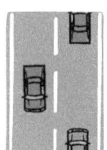

mota

движение

mota dzakawandisa

пробка

panopakwa mota

автостоянка

chiteshi chezvitima

вокзал

njanji

рельсы

chitima

поезд

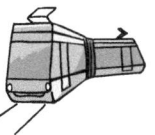

tram

трамвай

chitima

вагон

chikopokopo

вертолёт

nhandare yendege

аэропорт

nharire

вышка

mufambi

пассажир

chikondena

контейнер

kadhibhodhi bhokisi

коробка

ngoro

тележка

bhasiketi

корзина

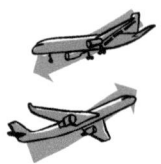

simuka / mhara

взлетать / приземляться

guta

город

musha

деревня

pakati peguta

центр города

imba

дом

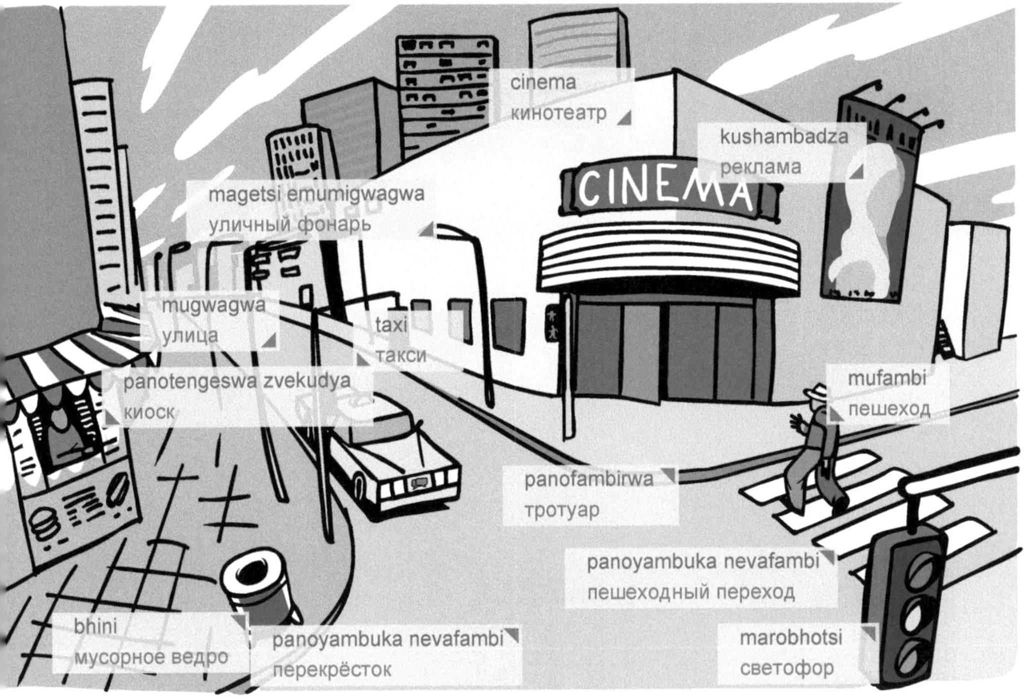

cinema
кинотеатр

kushambadza
реклама

magetsi emumigwagwa
уличный фонарь

CINEMA

mugwagwa
улица

taxi
такси

panotengeswa zvekudya
киоск

mufambi
пешеход

panofambirwa
тротуар

panoyambuka nevafambi
пешеходный переход

bhini
мусорное ведро

panoyambuka nevafambi
перекрёсток

marobhotsi
светофор

imba

хижина

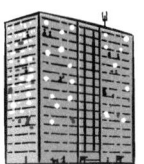

mafurati

квартира

chiteshi chezvitima

вокзал

imba yeguta

ратуша

muziyamu

музей

chikoro

школа

yunivhesiti

университет

bhengi

банк

chipatara

больница

hotera

гостиница

panotengeswa mishonga

аптека

hofisi

офис

chitoro chemabhuku

книжный магазин

chitoro

магазин

panotengeswa maruva

цветочный магазин

supamaketi

супермаркет

musika

рынок

chitoro chine madhipatimendi

универмаг

panotengeswa hove

торговец рыбой

nzimbo ine zvitoro

торговый центр

chiteshi chengarava

порт

paki

парк

bhenji

скамейка

bhiriji

мост

masitepisi

лестница

nzira inoenda nepasi

метро

mugwagwa wepasi

тоннель

panokwirirwa mabhazi

автобусная остановка

bhawa

бар

resitorendi

ресторан

bhokisi retsamba

почтовый ящик

chikwangwani chemugwagwa

табличка с названием улицы

mita yekupaka

паркометр

munochengeterwa mhuka

зоопарк

kunotuhwinirwa

бассейн

mosque

мечеть

purazi
ферма

kusvibisa
загрязнение окружающей среды

kumakuva
кладбище

chechi
церковь

pekutambira
детская площадка

temberi
храм

mamiriro akaita nzvimbo
ландшафт

shizha
лист

chikwangwani
дорожный указатель

nzira
дорога

mafuro
луг

dombo
камень

mufambi
путешественник

muti
дерево

rwizi
река

uswa
трава

ruva
цветок

mupata

долина

gomo

гора

dhamu

озеро

sango

лес

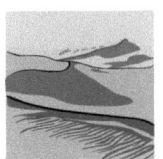

gwenga

пустыня

chikwatamabwe

вулкан

zimba

замок

muraraungu

радуга

hohwa

гриб

muchindwe

пальма

umhutu

комар

nhunzi

муха

svosve

муравей

nyuchi

пчела

buve

паук

chipembenene

жук

datya

лягушка

tsindi

белка

nungu

еж

tsuro

заяц

zizi

сова

shiri

птица

swan

лебедь

nguruve yemusango

кабан

nondo

олень

moose

лось

dhamu

плотина

injini yemhepo

ветряной генератор

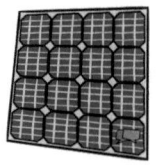

panero rezuva

солнечная батарея

mamiriro ekunze

климат

resitorendi
ресторан

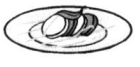

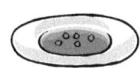

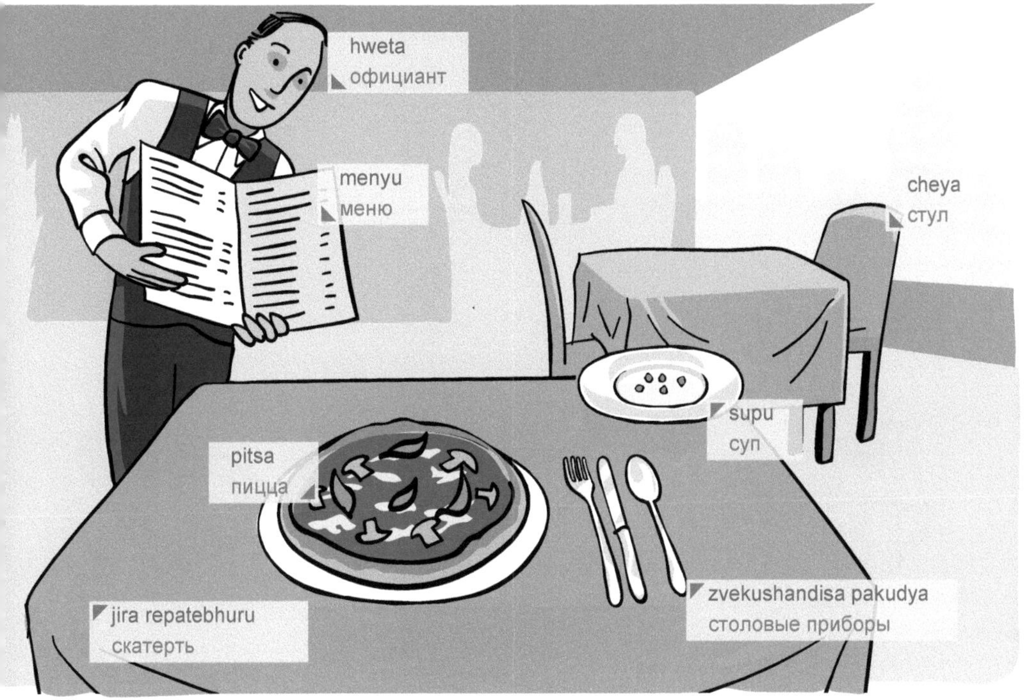
hweta
официант
menyu
меню
cheya
стул
supu
суп
pitsa
пицца
zvekushandisa pakudya
столовые приборы
jira repatebhuru
скатерть

zvekusosa nzara

закуска

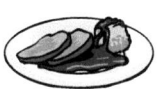

zvekudya

главное блюдо

zvekuseredzera

десерт

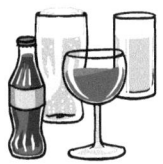

zvekunwa

напитки

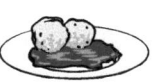

zvekudya

еда

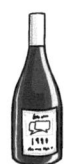

bhodhoro

бутылка

zvekudya zvisingatori nguva
kubika

фастфуд

chikafu chinotengeswa
munzira

уличная еда

tipoti

чайник

gabha reshuga

сахарница

chidimbu

порция

muchina wekofi

кофеварка

cheya yemwana

детский стульчик

bhiri

счет

tureyi

поднос

banga

нож

forogo

вилка

chipunu

ложка

chipunu

чайная ложка

zvekupukutisa muromo

салфетка

girazi

стакан

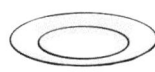

ndiro

тарелка

ndiro yesupu

суповая тарелка

ndiro

блюдце

supu

соус

chekuisira sauti

солонка

chekugaya mhiripiri

мельница для перца

vhiniga

уксус

mafuta

масло

masipaisi

специи

ketchup

кетчуп

mustard

горчица

mayonaizi

майонез

supamaketi
супермаркет

zvaderedzwa mitengo
специальное предложение
FOR
mutengi
покупатель
zvinogadzirwa nemukaka
молочные продукты
michero
фрукты
chingoro
тележка для покупок

BUTCHERS

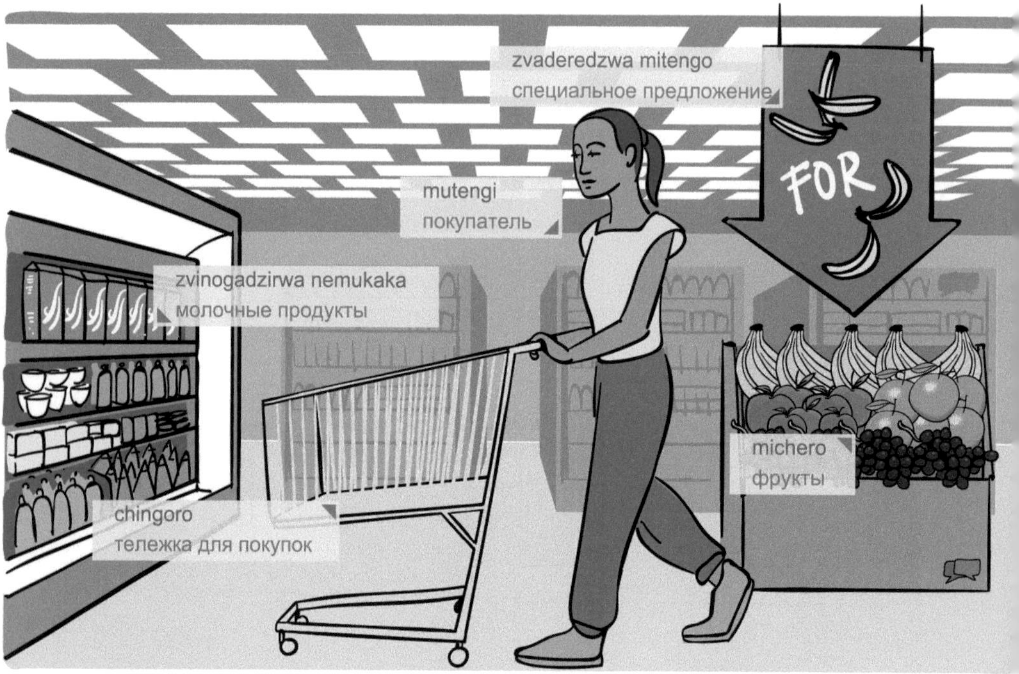

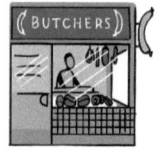

panotengeswa nyama

мясной магазин

BAKERY

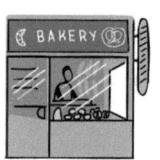

panotengeswa chingwa

пекарня

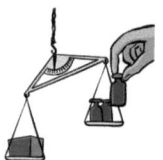

kuyera

взвешивать

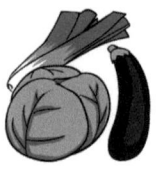

miriwo

овощи

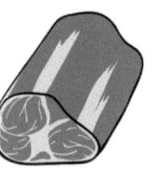

nyama

мясо

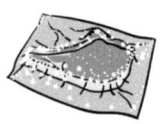

zvekudya zvakaoma nechando

быстрозамороженные продукты

nyama yakatonhora

нарезка

zvekudya zvemugaba

консервы

sipo yeupfu yekuwachisa

стиральный порошок

masuwiti

сладости

zvekushandisa mumba

предмет домашнего обихода

zvekuchenesa nazvo

моющее средство

mutengesi

продавщица

tiru

касса

mutengesi

кассир

zviri kuda kutengwa

список покупок

nguva dzekuvhura

время работы

chikwama

бумажник

kadhi rekubhengi

кредитная карточка

bhegi

сумка

pepa rekuisira

полиэтиленовый пакет

напитки

mvura

вода

muto wemichero

сок

mukaka

молоко

coke

кока-кола

waini

вино

doro

пиво

doro

алкоголь

cocoa

какао

tii

чай

kofi

кофе

kofi

эспрессо

cappuccino

капучино

bhanana

банан

apuro

яблоко

orenji

апельсин

nwiwa

арбуз

ndimu

лимон

karotsi

морковь

gariki

чеснок

mushenjere

бамбук

hanyanisi

лук

hohwa

гриб

nzungu

орехи

manoodle

лапша

spaghetti

спагетти

mupunga

рис

saradhi

салат

machipisi

картофель фри

mbatatisi dzakafuraiwa

жареный картофель

pitsa

пицца

chingwa chakaruma nyama

гамбургер

sangweji

сэндвич

nhindi

шницель

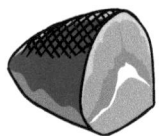

ham

ветчина

salami

салями

soseji

колбаса

huku

курица

gochwa

жаркое

hove

рыба

bota reoats

овсяные хлопья

muesli

мюсли

macornflake

кукурузные хлопья

furawa

мука

croissant

круассан

chingwa

булочка

chingwa

хлеб

chingwa chakagochwa

тост

mabhisikiti

печенье

bhata

масло

ige

творог

keke

пирог

zai

яйцо

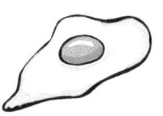

zai rakafuraiwa

яичница

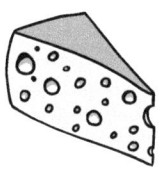

chizi

сыр

aizikirimu

мороженое

shuga

сахар

huchi

мёд

jemu

мармелад

chocolate yekuzora

крем с нугой

curry

карри

purazi
ферма

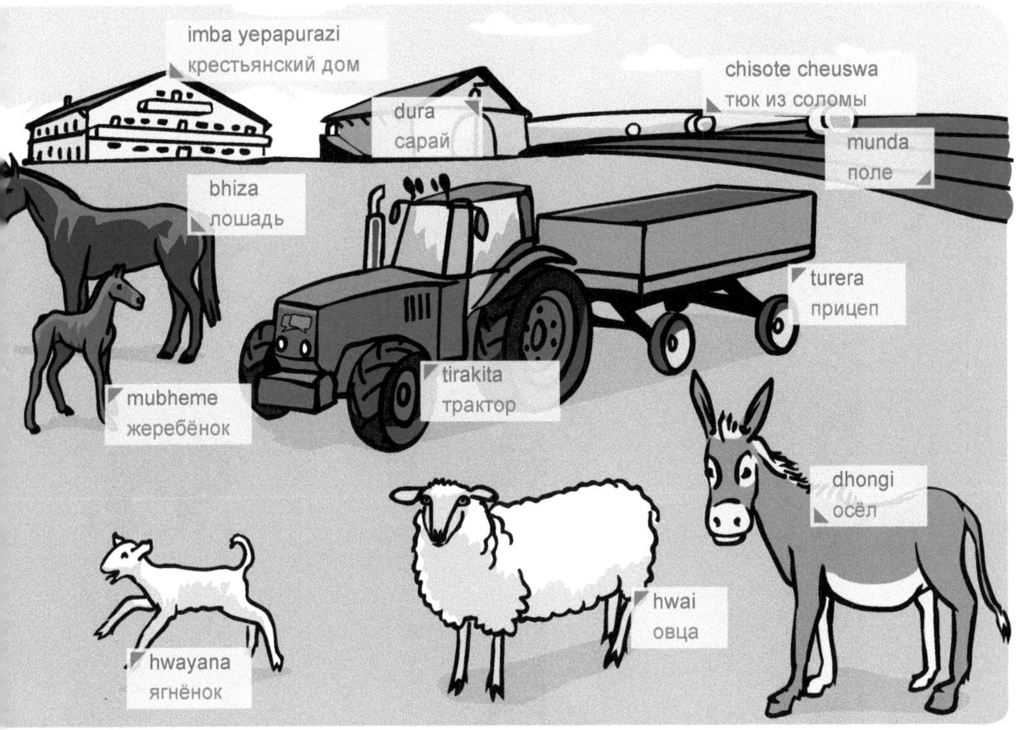
imba yepapurazi
крестьянский дом
dura
сарай
chisote cheuswa
тюк из соломы
munda
поле
bhiza
лошадь
turera
прицеп
tirakita
трактор
mubheme
жеребёнок
dhongi
осёл
hwai
овца
hwayana
ягнёнок

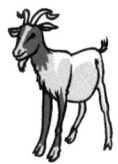

mbudzi

коза

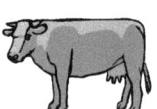

mhou

корова

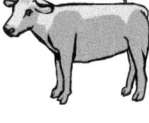

mhuru

телёнок

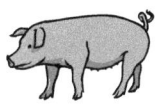

nguruve

свинья

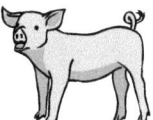

chigwi

поросёнок

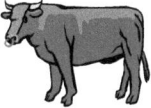

bhuru

бык

dhadha

гусь

dhakisi

утка

nhiyo

цыплёнок

tseketsa

курица

jongwe

петух

gonzo

крыса

katsi

кошка

mbeva

мышь

dhonza

вол

imbwa

собака

imba yembwa

конура

pombi yemvura

садовый шланг

keni yekudiridzisa

лейка

jeko

коса

gejo

плуг

jeko

серп

badza

мотыга

forogo

навозные вилы

demo

топор

bhara

тачка

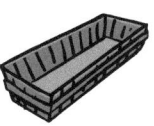

chidyiro

корыто

bhodhoro remukaka

бидон для молока

saga

мешок

fenzi

забор

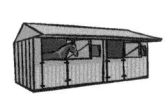

danga

хлев

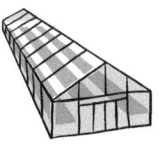

greenhouse

теплица

ivhu

почва

mbeu

посев

fetereza

удобрение

mota yekukohwesa

комбайн

kukohwa

собирать урожай

gohwo

урожай

mbatatisi

ямс

gorosi

пшеница

soya

соя

mbatatisi

картофель

chibage

кукуруза

rapeseed

рапс

muti wemichero

фруктовое дерево

mufarinya

маниок

mbesa

злаки

chimbini
дымоход

denga
крыша

pombi inorasa mvura
водосточный желоб

hwindo
окно

garaji
гараж

bhero repamusiwo
звонок

musiwo
дверь

bhini remarara
мусорное ведро

bhokisi retsamba
почтовый ящик

gadheni
сад

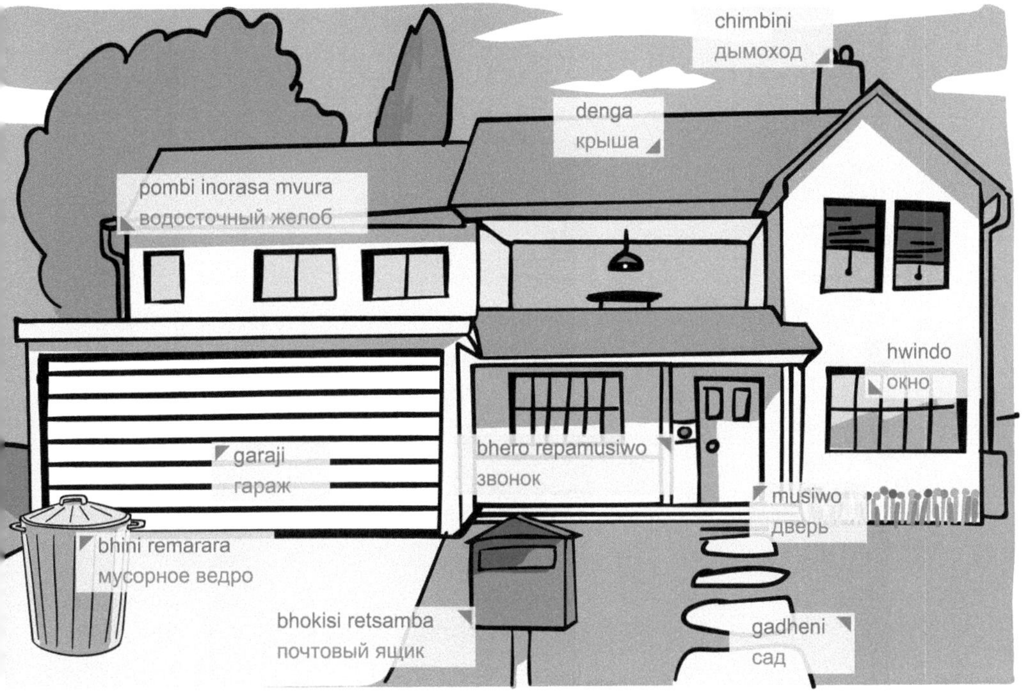

imba yekutandarira

гостиная

mekugezera

ванная комната

kicheni

кухня

imba yekurara

спальня

imba yemwana

детская комната

imba yekudyira

столовая

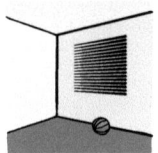

uriri

пол

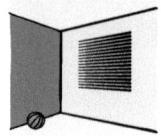

madziro

стена

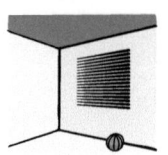

denga

потолок

imba yepasi

подвал

sauna

сауна

vharanda repadenga

балкон

uriri hwepadenga

терраса

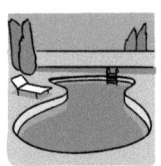

dziva rekushambira

бассейн

muchina wekuchekesa uswa

газонокосилка

jira

пододеяльник

chekufukidza mubhedha

покрывало

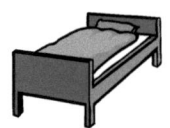

mubhedha

кровать

bhurumu

метла

bhaketi

ведро

suwichi

выключатель

imba yekutandarira

гостиная

pepa remadziro
обои
pikicha
рисунок
rambi
лампа
sherufu
полка
kabhati
шкаф
TV
телевизор
nzvimbo yemoto
камин
ruva
цветок
kusheni
подушка
sofa
диван
vhazi
ваза
rimoti
пульт дистанционного управления

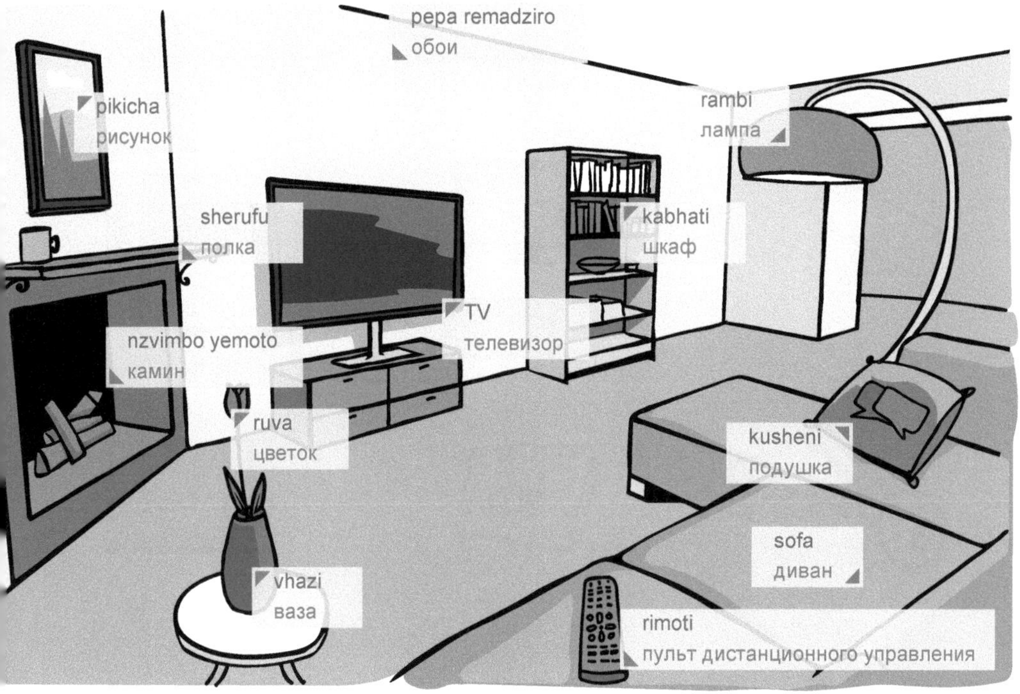

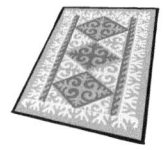

kapeti

ковёр

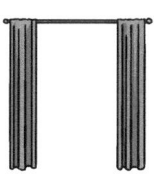

keteni

штора

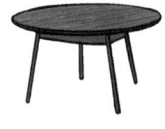

tebhuru

стол

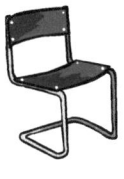

cheya

стул

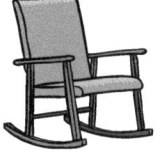

cheya inozeya

кресло-качалка

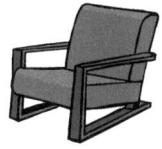

cheya ine pekuisa maoko

кресло

bhuku

книга

gumbeze

покрывало

marongedzero

украшение

huni

дрова

firimu

фильм

redhiyo yehi-fi

стереосистема

kii

ключ

pepanhau

газета

mufananidzo

картина

posita

плакат

redhiyo

радио

pekunyorera

блокнот

muchina wekuhuvhisa

пылесос

chinanazi

кактус

kenduru

свеча

kicheni
кухня

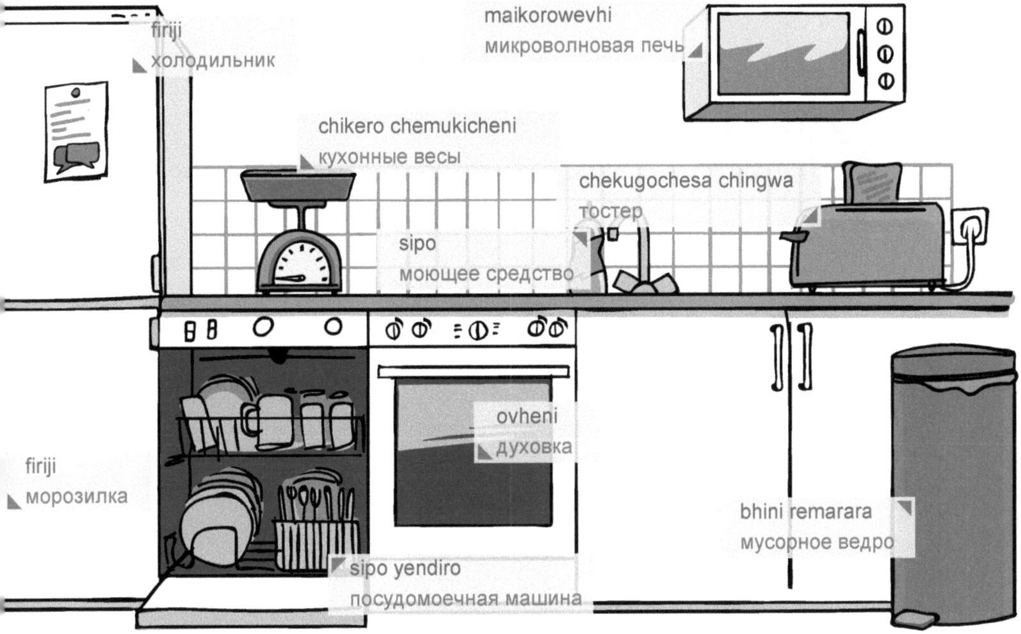
maikorowevhi
микроволновая печь
firiji
холодильник
chikero chemukicheni
кухонные весы
chekugochesa chingwa
тостер
sipo
моющее средство
ovheni
духовка
firiji
морозилка
bhini remarara
мусорное ведро
sipo yendiro
посудомоечная машина

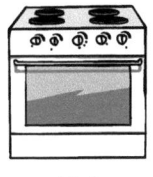

chitofu
плита

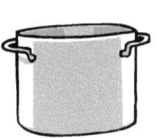

poto
кастрюля

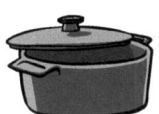

poto yesimbi
чугунный котелок

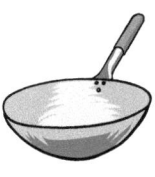

wok / kadai
вок / кадай

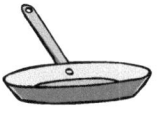

pani
сковорода

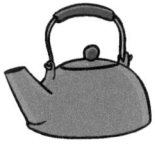

ketero
чайник

chekubikisa neutsi
hwemvura
пароварка

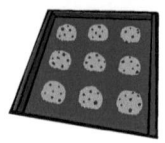

turei yekubhekesa
противень

ndiro
посуда

kapu
кружка

dishi
миска

tumiti twekudyisa
палочки для еды

chipunu
половник

chipunu
лопатка

chekusanganisisa
сбивалка

chekukunisa
сито

chekukunisa
сито

chekugiretesa
тёрка

duri
ступка

chiwaya
гриль

moto
костёр

chekuchekera

доска

chekutsimbiririsa mukanyiwa

скалка

chekuvhurisa mabhodhoro ewaini

штопор

tini

жестяная банка

chekuvhurisa tini

консервный нож

girovhosi rekubatisa zvinopisa

прихватка

singi

раковина

bhurasho

щетка

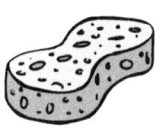

chipanji

губка

chinosanganisa

миксер

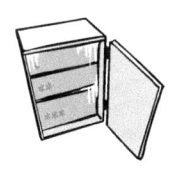

firiji

морозильная камера

bhodhoro remwana

бутылочка для кормления

pombi

кран

mekugezera

ванная комната

chinodziisa mumba
отопление
tauro
полотенце
shawa
душ
keteni remushawa
душевая занавеска
mvura yekugeza ine furo
пенистая ванна
mekugezera
ванна
girazi
стакан
muchina wekuwachisa
стиральная машина
pombi
кран
mataira
плитка
chipoti chemwana
горшок
singi
раковина

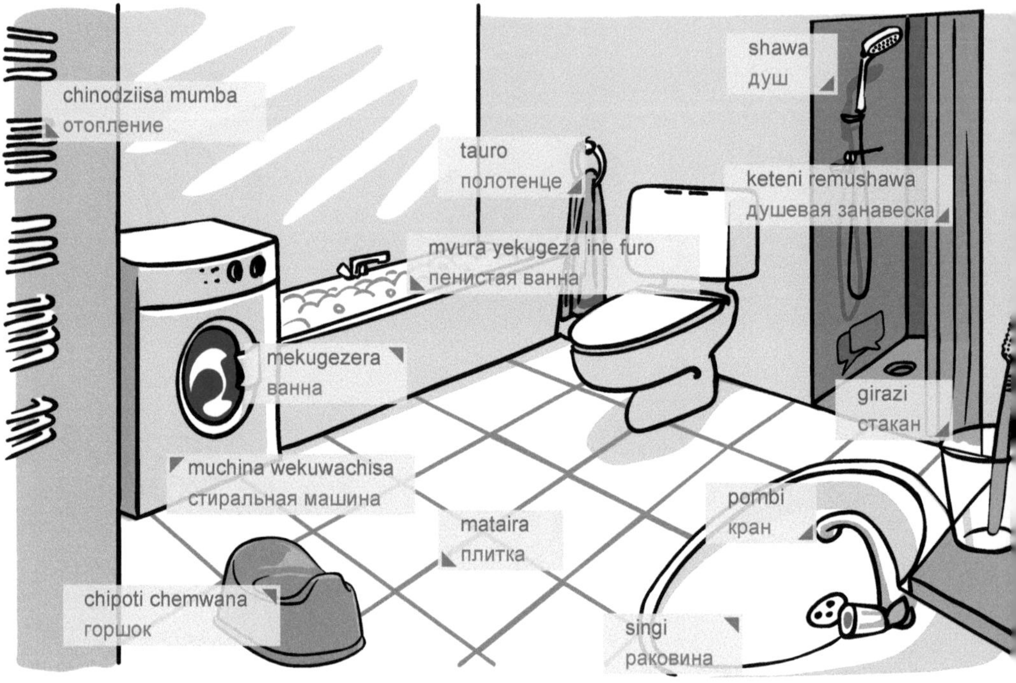

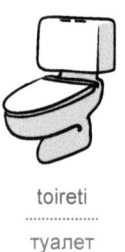

toireti

туалет

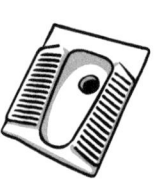

toireti yegomba

напольный унитаз

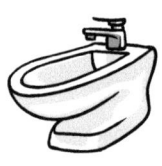

chemba

биде

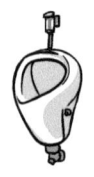

chekuitira weti chevarume

писсуар

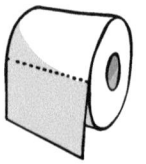

pepa remutoireti

туалетная бумага

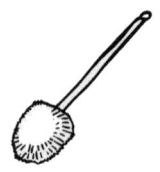

bhurasho remutoireti

ершик

bhurasho remazino

зубная щётка

mushonga wemazino

зубная паста

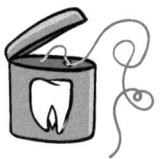

tambo yekugezesa mazino

зубная нить

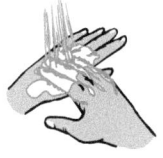

kugeza

мыть

shawa yekuita zvekubata

ручной душ

douche

интимный душ

bheseni

таз

bhurasho remusoro

щётка для спины

sipo

мыло

po yekugezesa mushawa

гель для душа

shambuu

шампунь

chekugezesa

мочалка

dhireni

сток

mafuta

крем

chinonhuwirira

дезодорант

girazi

зеркало

girazi remumaoko

ручное зеркало

chekugeresa ndebvu

бритва

furo rekugeresa ndebvu

пена для бритья

mafuta ekuzora wagera
ndebvu

лосьон после бритья

kamu

расческа

bhurasho

щетка

chekuomesa bvudzi

фен

mushonga wekupfapfaidza
musoro

лак для волос

zvekupodesa

косметика

chekupendesa muromo

губная помада

chekupendesa nzara

лак для ногтей

donje

вата

chigero chenzara

маникюрные ножницы

pefiyumu

духи

bhegi rezvekugezesa
косметичка

chituro
табуретка

chikero
весы

bathrobe
халат

magirovhosi erabha
резиновые перчатки

tampon
тампон

pedhi
игиеническая прокладка

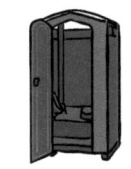

toireti inotakurwa
биотуалет

imba yemwana

детская комната

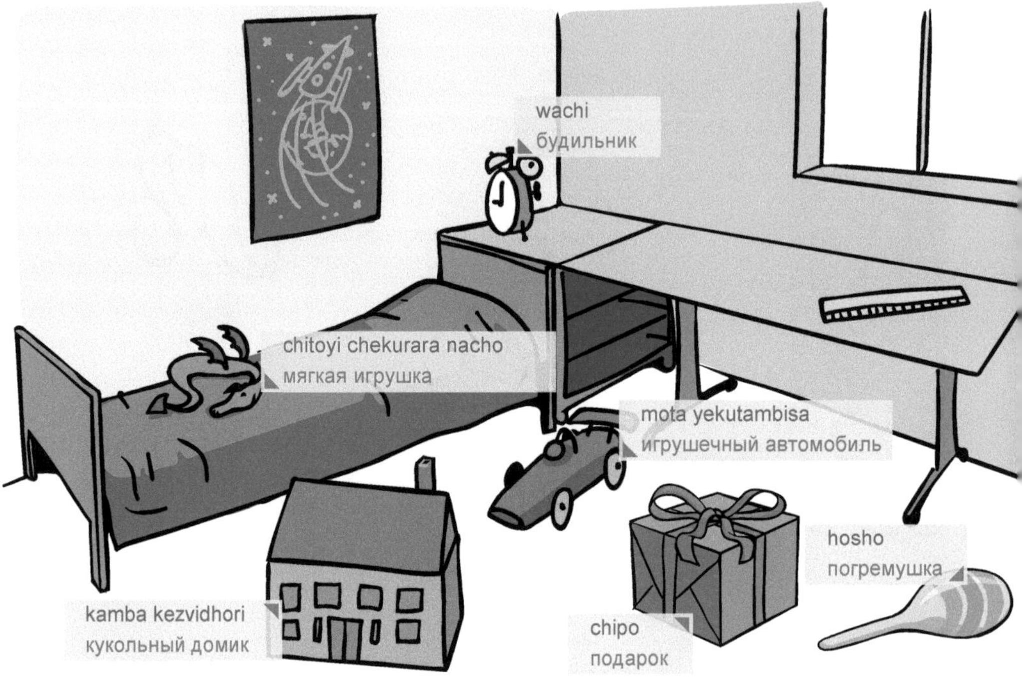

wachi
будильник
chitoyi chekurara nacho
мягкая игрушка
mota yekutambisa
игрушечный автомобиль
hosho
погремушка
kamba kezvidhori
кукольный домик
chipo
подарок

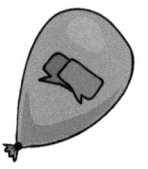

chibharuma

воздушный шар

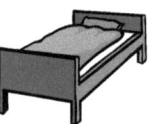

mubhedha

кровать

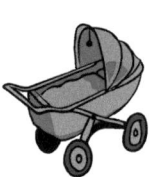

purema

детская коляска

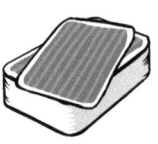

makadhi ekutamba

карточная игра

puzzle

пазл

SUPER
MEGA

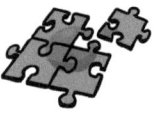

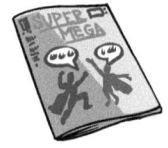

makatuni ekuverenga

комикс

zvekuvakisa zvinhu

кирпичики Лего

mabhuroko ekuvakisa

кубики

chidhori

игрушечная фигурка

babygrow

ползунки

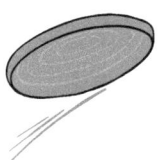

chekutambisa uchikanda

фрисби

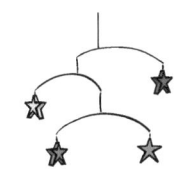

zvekuvaraidza mwana

мобиле

gemu rinotambirwa
pabhodhi

настольная игра

dhaisi

кубик

zvitima zvekutambisa

модель железной дороги

chidhami

соска

mabiko

вечеринка

bhuku remapikicha

книга с картинками

bhora

мяч

chidhori

кукла

kutamba

играть

majecha ekutambira

песочница

muzeerere

качели

zvekutambisa

игрушка

chekutambisa magemu
emavhidhiyo

игровая приставка

kabhasikoro kemavhiri
matatu

трёхколесный велосипед

teddy bear

плюшевый медвежонок

wadhiropu

шкаф для одежды

zvipfeko

одежда

masokisi

носки

masokisi

чулки

matirauzi anobata muviri

колготки

sikavha
шарф

amburera
зонтик

bhandi
ремень

t-sheti
футболка

majombo
сапоги

bhutsu
тапки

bhutsu
кроссовки

masanduru
сандалии

bhutsu
ботинки

magambutsu
резиновые сапоги

nduwe
трусы

bhodhi
бюстгальтер

vhesi
майка

muviri

боди

tirauzi

брюки

jini

джинсы

siketi

юбка

bhurauzi

блузка

hembe

рубашка

bhachi

свитер

chibhachi

свитер

bhachi

спортивная куртка

bhachi

жакет

jasi

пальто

renikoti

плащ

koshitomu

костюм

dhirezi

платье

dhirezi remuchato

свадебное платье

sutu

мужской костюм

hembe yekurarisa

ночная сорочка

mapijama

пижама

chari

сари

headscarf

платок

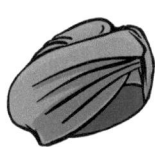

heti

тюрбан

burqa

паранджа

kaftan

кафтан

abaya

абайя

hembe yekutuhwinisa

купальник

chikabudura

плавки

chikabudura

шорты

tirekisutu

спортивный костюм

apuroni

фартук

magirovhosi

перчатки

bhatani

пуговица

magirazi

очки

bhenguru

браслет

chuma

цепочка

rin'i

кольцо

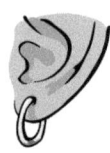

mhete

серьга

kepisi

шапка

hen'a

вешалка

heti

шляпа

tai

галстук

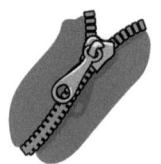

zipi

застежка молния

herumeti

шлем

mabhandi

подтяжки

yunifomu yekuchikoro

школьная форма

yunifomu

форма

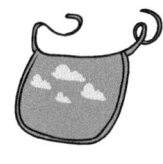

chibhibhi

детский нагрудник

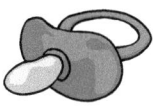

chidhami

соска

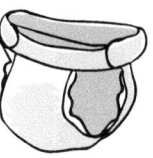

napukeni

подгузник

hofisi

офис

server
сервер
kabhineti
канцелярский шкаф
muchina wekuprindisa
принтер
sikirini
монитор
pepa
бумага
mouse
мышь
tafura
письменный стол
fayera
папка
keyboard
клавиатура
cheya
стул
bhini remapepa
корзина для бумаг
kombiyuta
компьютер

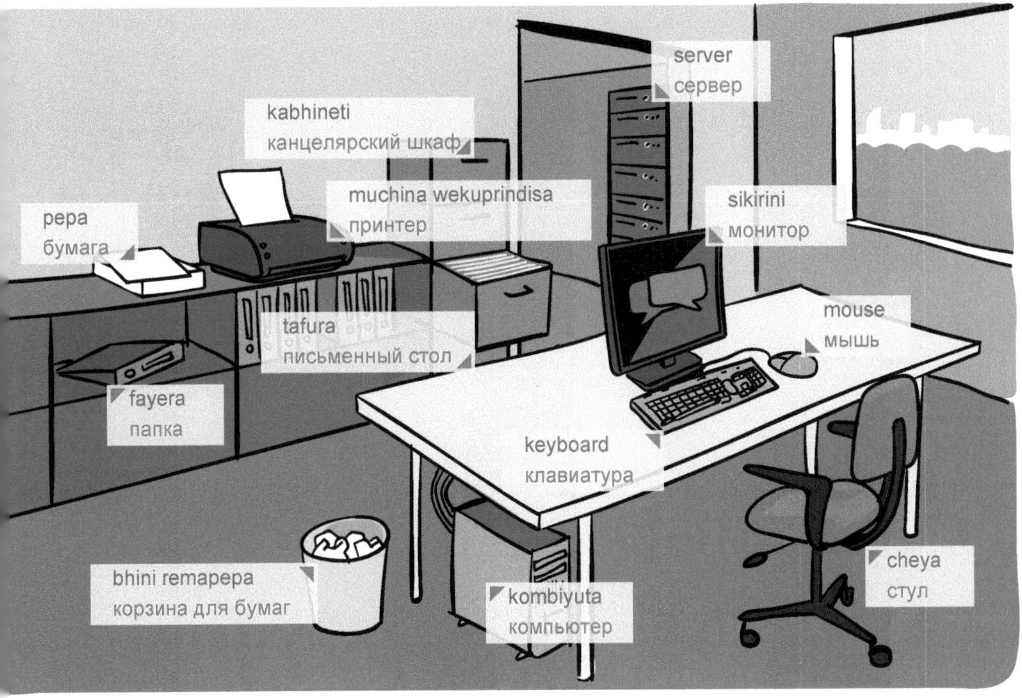

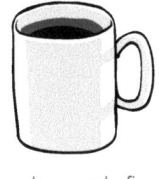

kapu yekofi

кофейная кружка

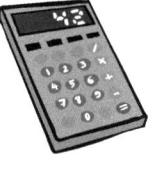

kakureta

калькулятор

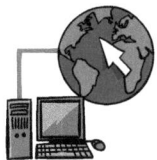

indaneti

интернет

laptop

ноутбук

tsamba

письмо

tsamba

сообщение

serura

мобильный телефон

network

сеть

muchina wekufotokopesa

ксерокс

software

программа

foni

телефон

pekupfekera magetsi

розетка

muchina wefax

факс

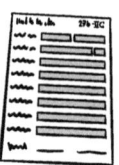

fomu

формуляр

gwaro

документ

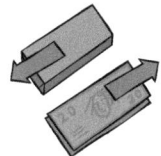

kutenga

покупать

kubhadhara

платить

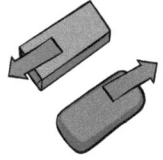

kutengesa

торговать

mari

деньги

 USD

Dhora

доллар

 EUR

Euro

евро

 JPY

Yen

иена

 RUB

rouble

рубль

 CHF

Swiss franc

франк

 CNY

renminbi yuan

жэньминьби юань

 INR

rupee

рупия

panobhadharwa

банкомат

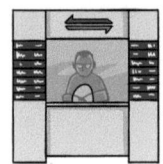

panochinjwa mari

пункт обмена валюты

goridhe

золото

sirivha

серебро

mafuta

нефть

magetsi

энергия

mutengo

цена

chibvumirano

договор

mutero

налог

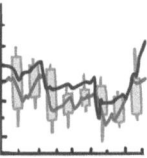

masitoku

акция

kushanda

работать

mushandi

служащий

mushandirwi

работодатель

fekitari

фабрика

chitoro

магазин

mabasa

профессии

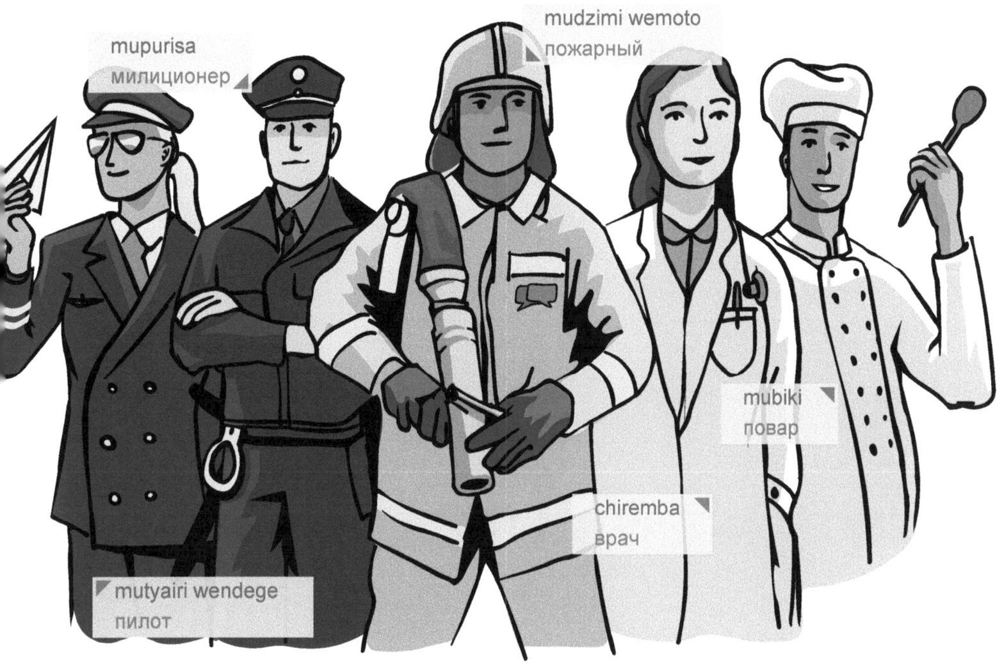

mudzimi wemoto
пожарный
mupurisa
милиционер
mubiki
повар
chiremba
врач
mutyairi wendege
пилот

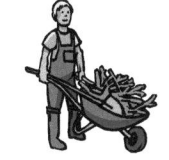

mushandi wemugadheni

садовник

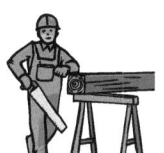

muvezi

столяр

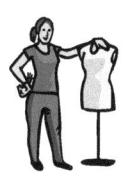

mukadzi anosona

швея

mutongi

судья

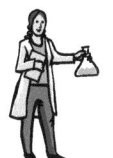

anoita zvemishonga

химик

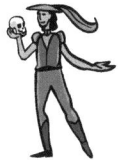

ekita

актёр

mutyairi webhazi

водитель автобуса

mutyairi wetaxi

таксист

muredzi

рыбак

mudzimai anochenesa

уборщица

anogadzira denga

кровельщик

hweta

официант

muvhimi

охотник

anopenda

художник

mubiki wechingwa

пекарь

mugadziri wemagetsi

электрик

muvaki

строитель

injiniya

инженер

mushandi wemubhucha

мясник

puramba

сантехник

positimeni

почтальон

musoja

солдат

anoita mapurani edzimba

архитектор

mutengesi

кассир

mugadziri wemaruva

флорист

mugadziri wemusoro

парикмахер

kondakita

кондуктор

makanika

механик

kaputeni

капитан

chiremba wemazino

зубной врач

musayindisti

ученый

rabbi

раввин

imam

имам

mumonk

монах

mufundisi

священник

maturusi

инструменты

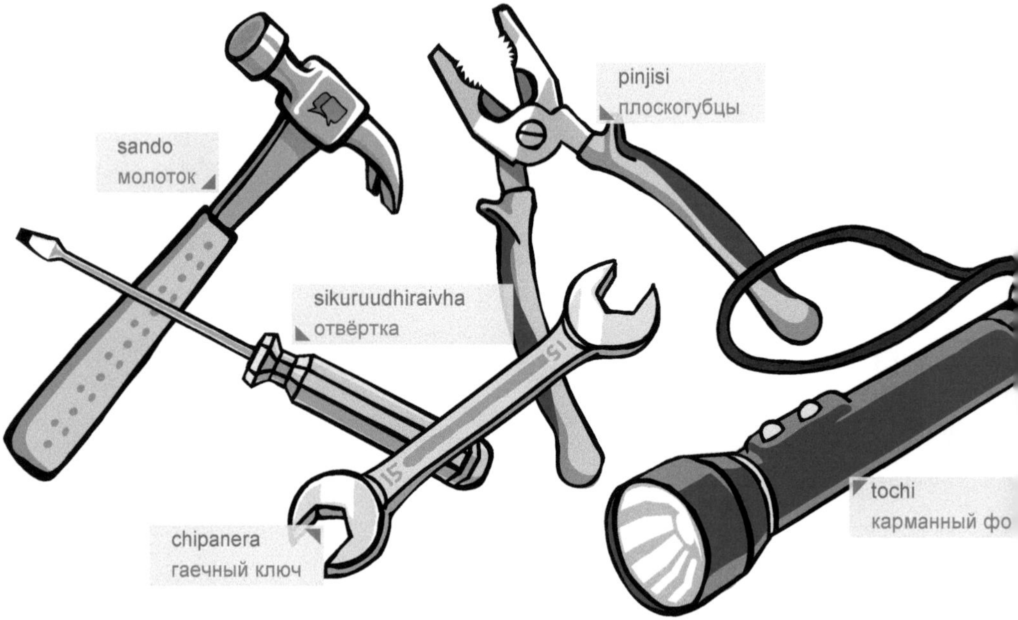

sando
молоток
pinjisi
плоскогубцы
sikuruudhiraivha
отвёртка
chipanera
гаечный ключ
tochi
карманный фо

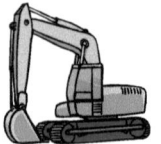

chikatapira

экскаватор

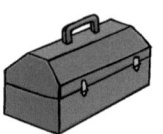

bhokisi rematurusi

ящик для инструментов

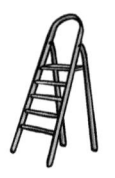

manera

стремянка

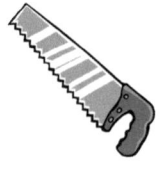

saha

пила

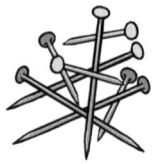

zvipikiri

гвозди

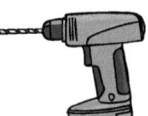

chibooreso

дрель

kugadzira

ремонтировать

foshoro

лопата

Nxa!

Блин!

chidyoreso

совок

gaba rependi

ведро с краской

masikuruu

винты

zviridzwa
музыкальные инструменты

sipika
громкоговоритель

ngoma dzakasiyana-siyana
ударный инструмент

gitare
гитара

chiridzwa chebhesi
контрабас

bhosvo
труба

piyano

пианино

violin

скрипка

gitare rebhesi

бас-гитара

ngoma

литавры

ngoma

барабан

piyano yemagetsi

синтезатор

saxophone

саксофон

nyere

флейта

maikorofoni

микрофон

pekupindisa
вход

tiger
тигр

chizarira
клетка

mbizi
зебра

chikafu chemhuka
корм

panda
панда

mhuka

животные

nzou

слон

kangaruru

кенгуру

chipembere

носорог

gorilla

горилла

bear

медведь

ngamera

верблюд

mhou

страус

shumba

лев

tsoko

обезьяна

flamingo

фламинго

parrot

попугай

bear rekuchando

белый медведь

penguin

пингвин

shark

акула

pikoko

павлин

nyoka

змея

garwe

крокодил

muchengeti wenzvimbo
yemhuka

служитель зоопарка

seal

тюлень

jaguar

ягуар

nyurusi
пони

ingwe
леопард

mvuu
бегемот

twiza
жираф

gondo
орёл

nguruve yemusango
кабан

hove
рыба

kamba
черепаха

walrus
морж

gava
лиса

nhoro
газель

bhora rekuAmerica
американский футбол

kuchovha
езда на велосипеде

tenisi
теннис

bhora rebhasiketi
баскетбол

kutuhwina
плавание

tsiva
бокс

hockey yemuchando
хоккей

nhabvu

футбол

badminton

бадминтон

zvekumhanya

лёгкая атлетика

bhora remaoko

гандбол

kuita ski

лыжный спорт

polo

поло

mabasa

действия

kusvetuka
прыгать
kumbundira
обнимать
kuseka
смеяться
kufamba
идти
kuimba
петь
kurota
мечтать
kunyengetera
молиться
kutsvoda
целовать

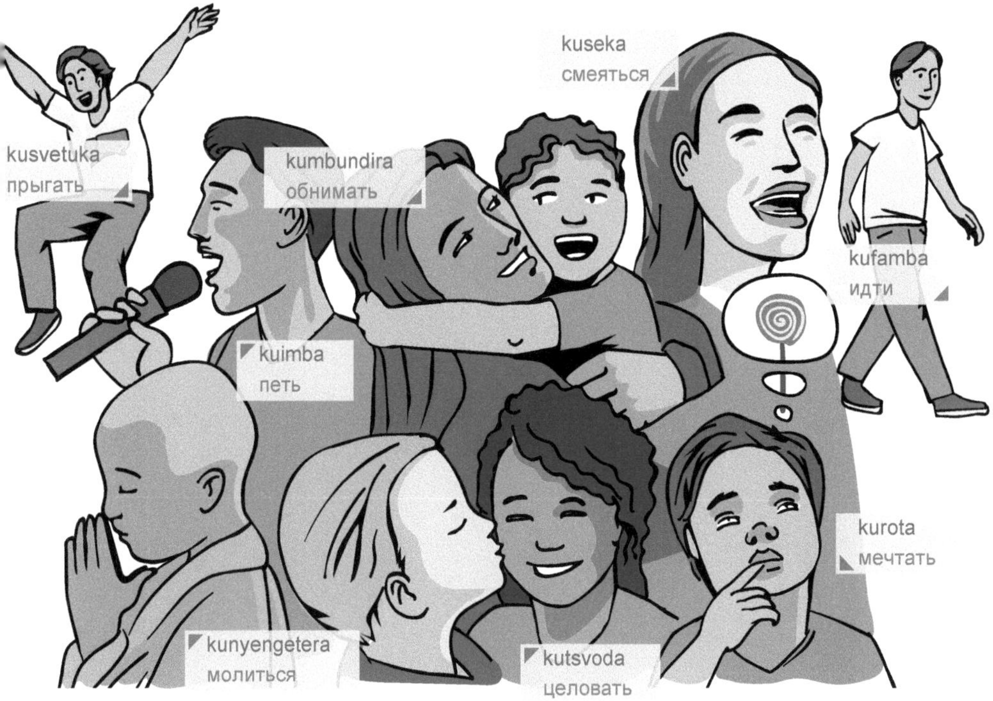

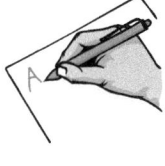

nyora
писать

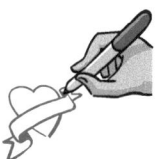

kudhirowa
рисовать

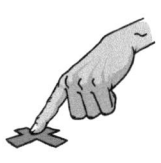

kuratidza
показывать

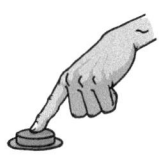

kusunda
нажимать

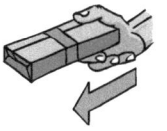

kupa
давать

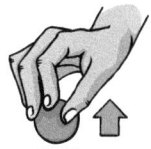

kutora
брать

kuva ne

иметь

kuita

делать

kuva

быть

kumira

стоять

kumhanya

бежать

kudhonza

тянуть

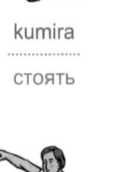

kukanda

бросать

kudonha

падать

kurara

лежать

kumirira

ждать

kutakura

носить

kugara

сидеть

kupfeka

надевать

kurara

спать

kumuka

просыпаться

kutarisa

рассматривать

kuchema

плакать

kupuruzira

гладить

kukama

причесывать

kutaura

говорить

kunzwisisa

понимать

kubvunza

спрашивать

kuteerera

слушать

kunwa

пить

kudya

кушать

kuchenesa

наводить порядок

kuda

любить

kubika

готовить

kutyaira

ехать

kubhururuka

летать

kufambiswa nemhepo

ходить под парусом

kakureta

считать

kuverenga

читать

kudzidza

учиться

kushanda

работать

kuroora / kuroorwa

вступать в брак

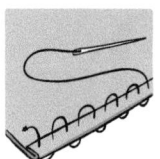

kusona

шить

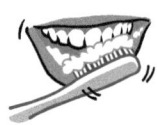

kukwesha mazino

чистить зубы

kuuraya

убивать

kuputa

курить

kutumira

отправлять

mhuri
семья

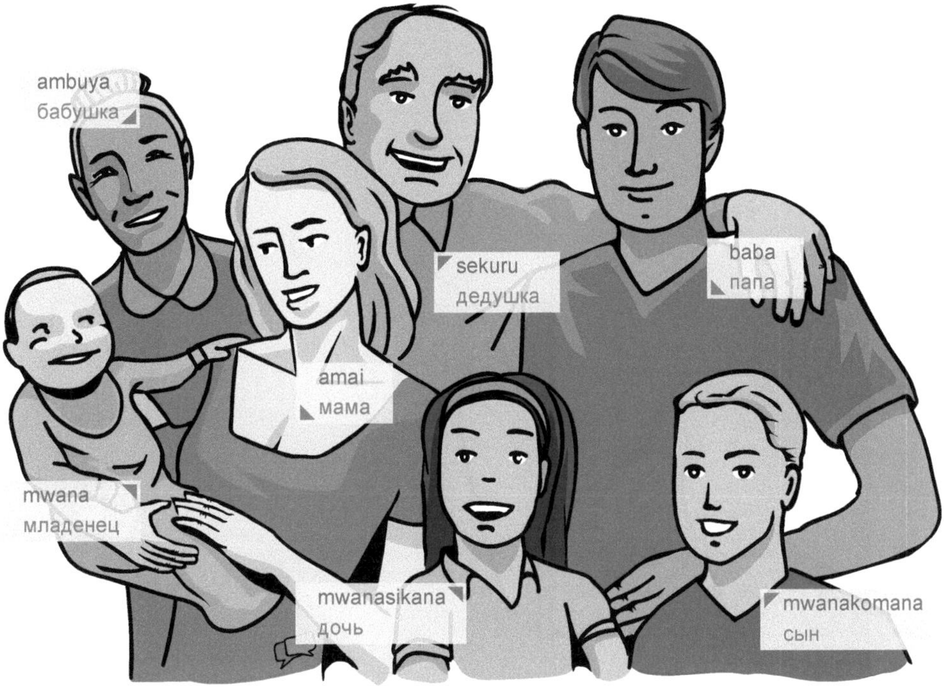
ambuya
бабушка
sekuru
дедушка
baba
папа
amai
мама
mwana
младенец
mwanasikana
дочь
mwanakomana
сын

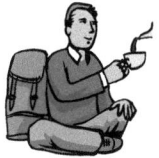

muenzi

гость

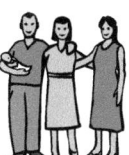

tete

тетя

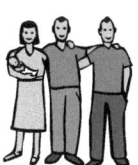

sekuru

дядя

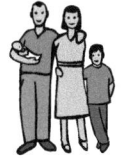

hanzvadzikomana

брат

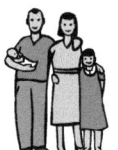

hanzvadzisikana

сестра

muviri

тело

huma
лоб
ziso
глаз
bendekete
плечо
munwe
палец
chiso
лицо
chirebvu
подбородок
ruoko
кисть
gumbo
нога
chipfuva
грудь
ruoko
рука

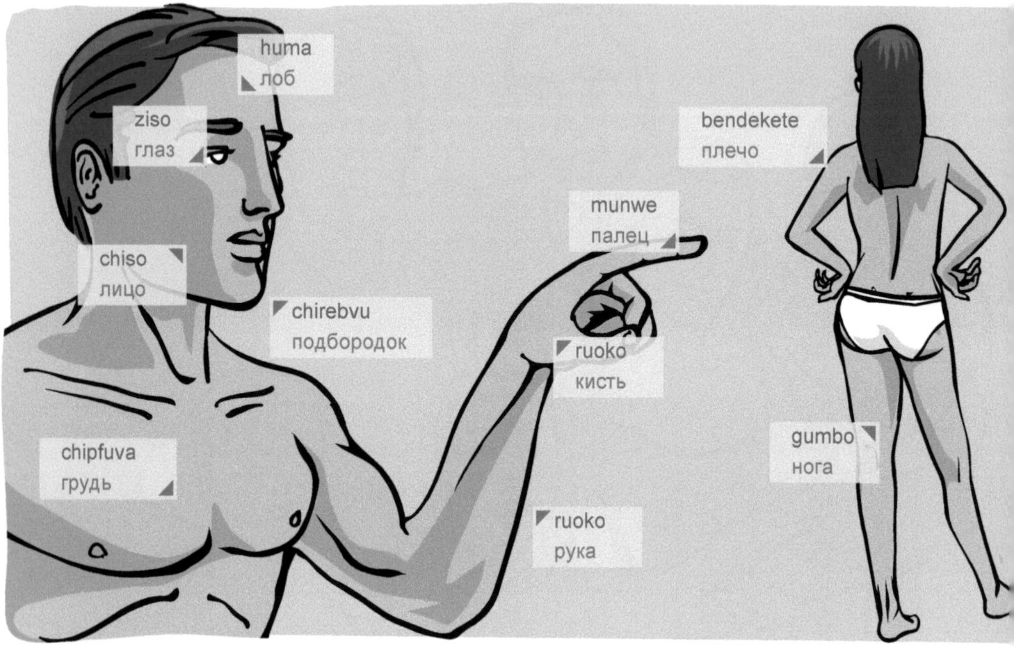

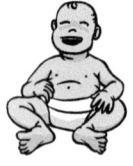

mwana
младенец

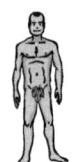

murume
мужчина

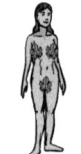

mukadzi
женщина

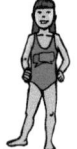

musikana
девочка

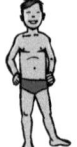

mukomana
мальчик

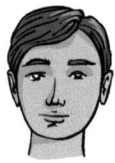

musoro
голова

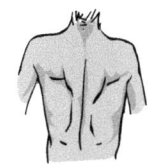

musana

спина

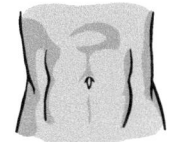

dumbu

живот

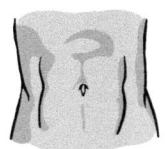

guvhu

пупок

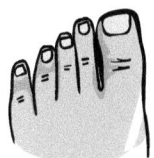

chigunwe

палец ноги

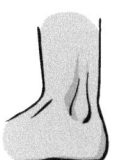

chitsitsinho

пятка

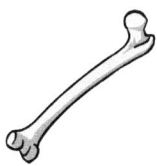

bhonzo

кость

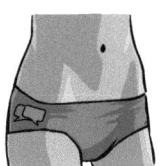

hudyu

бедро

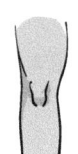

ibvi

колено

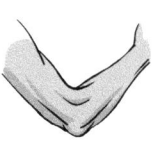

gokora

локоть

mhino

нос

garo

ягодицы

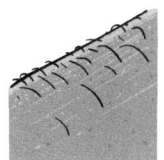

ganda

кожа

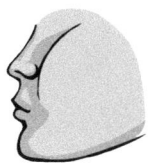

dama

щека

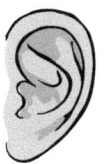

nzeve

ухо

muromo

губа

mukanwa

рот

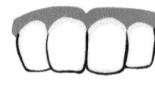

zino

зуб

rurimi

язык

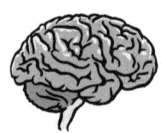

uropi

мозг

mwoyo

сердце

tsandanyama

мышца

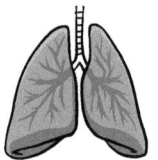

bapu

лёгкое

chitaka

печень

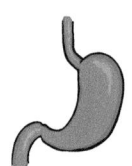

dumbu

желудок

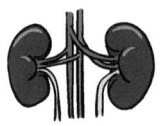

itsvo

почки

kuita bonde

половой акт

kondomu

презерватив

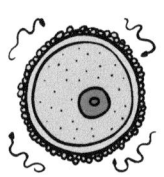

zai

яйцеклетка

urume

сперма

nhumbu

беременность

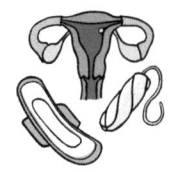

kuenda kumwedzi

менструация

sikarudzi

вагина

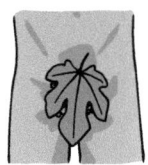

mboro

пенис

tsiye

бровь

bvudzi

волосы

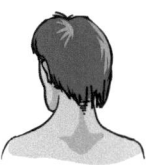

mutsipa

шея

chipatara
больница

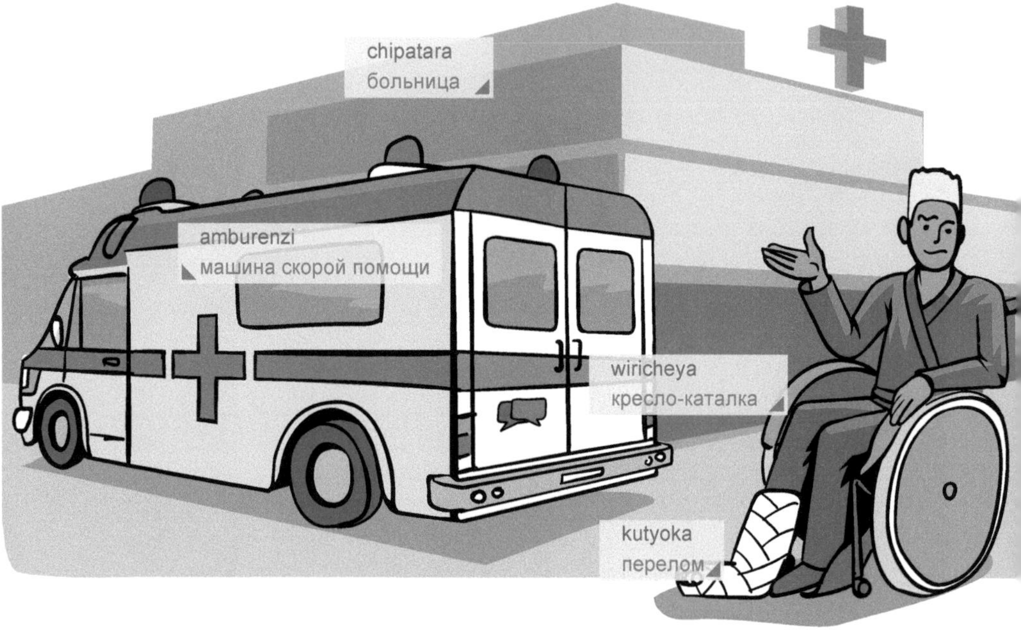

chipatara
больница
amburenzi
машина скорой помощи
wiricheya
кресло-каталка
kutyoka
перелом

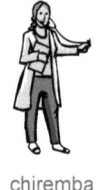

chiremba
врач

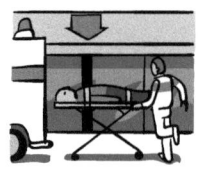

imba yerubatsiro
пункт первой помощи

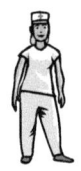

nesi
медсестра

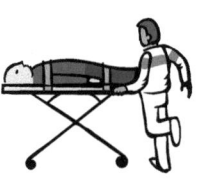

zvekukurumidza
неотложный случай

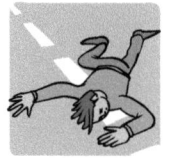

kufenda
без сознания

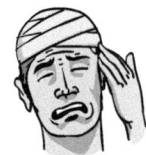

rwadza
боль

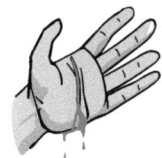

kukuvara

повреждение

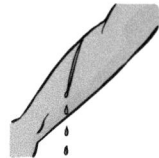

kubuda ropa

кровотечение

kuerekana mwoyo
usisashandi

инфаркт

kuoma rutivi

инсульт

zvinorwarisa

аллергия

chikosoro

кашель

fivha

овышенная температура

furuu

грипп

manyoka

понос

kutemwa nemusoro

головная боль

mhuka

рак

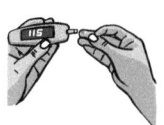

chirwere cheshuga

диабет

muvhiyi

хирург

kabanga keoparesheni

скальпель

oparesheni

операция

CT
КТ

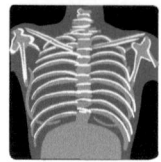

x-ray
рентген

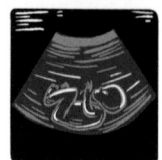

ultrasound
ультразвук

chekuvharisa mhino nemuromo
маска

chirwere
болезнь

mekumirira kurapiwa
приёмная

chidhondoro
костыль

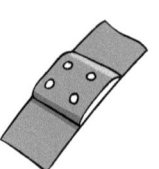

purasita
пластырь

bhandiji
бинт

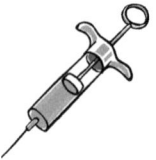

jekiseni
укол

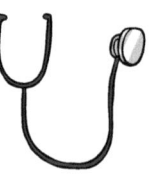

chekuteerera nacho mukati
стетоскоп

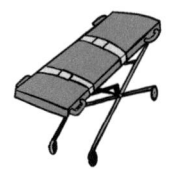

kamubhedha kemurwere
носилки

chekutoresa nacho tembiricha
термометр

kuzvara
рождение

kufuta
избыточный вес

chekubatsira kunzwa

слуховой аппарат

mushonga unouraya utachiona

дезинфекционное средство

utachiona

инфекция

vhairasi

вирус

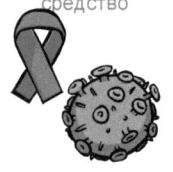

HIV / AIDS

ВИЧ / СПИД

mushonga

лекарство

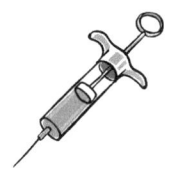

kudzivirira zvirwere

прививка

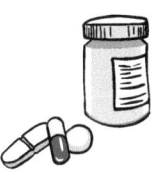

mapiritsi

таблетки

piritsi

противозачаточная таблетка

kufonera rubatsiro ipapo ipapo

экстренный вызов

muchina wekuyeresa BP

прибор для измерения кровяного давления

kurwara / kugwinya

больной / здоровый

Maiwe!

Помогите!

bhero

сигнал тревоги

kurwisa

нападение

kurwisa

атака

ngozi

опасность

pekupuda napo zvechimbi-chimbi

запасной выход

Moto!

Пожар!

chekudzimisa moto

огнетушитель

tsaona

несчастный случай

zvinhu zvefirst aid

аптечка

SOS

SOS

mapurisa

милиция

Europe

Европа

Kuchamhembe kweAmerica

Северная Америка

Kumaodzanyemba kweAmerica

Южная Америка

Africa

Африка

Asia

Азия

Australia

Австралия

Atlantic

Атлантический океан

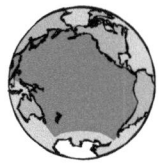

Pacific

Тихий океан

Nyanza yeIndia

Индийский океан

Nyanza yeAntarctic

Антарктический океан

Nyanza yeArctic

Северный Ледовитый океан

Kuchamhembe

Северный полюс

Kumaodzanyemba

Южный полюс

Antarctica

Антарктика

Nyika

земля

nyika

суша

gungwa

море

chitsuwa

остров

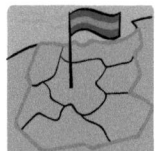

nyika

нация

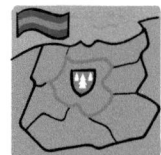

nyika

государство

wachi

циферблат

chinongedza awa

часовая стрелка

chinongedza miniti

минутная стрелка

chinongedza masekondi

секундная стрелка

Inguvai?

Который час?

zuva

день

nguva

время

izvozvi

сейчас

wachi yemanhamba

электронные часы

miniti

минута

awa

час

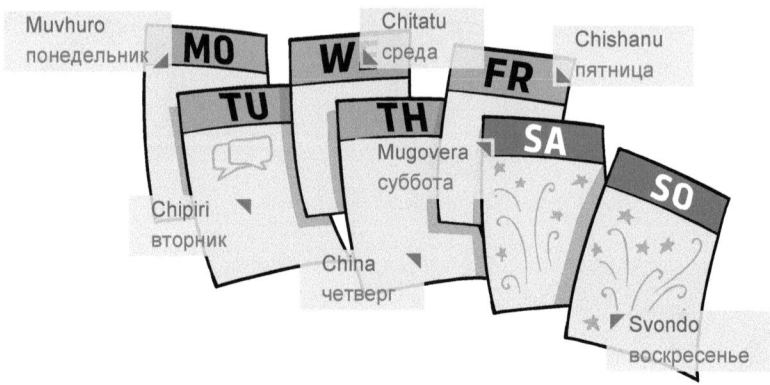

Muvhuro
понедельник

MO

W

Chitatu
среда

Chishanu
пятница

FR

TU

TH

SA

Mugovera
суббота

Chipiri
вторник

China
четверг

SO

Svondo
воскресенье

nezuro

вчера

nhasi

сегодня

mangwana

завтра

mangwanani

утро

masikati

полдень

manheru

вечер

MO	TU	WE	TH	FR	SA	SU
1	2	3	4	5	6	7
8	9	10	11	12	13	14
15	16	17	18	19	20	21
22	23	24	25	26	27	28
29	30	31	1	2	3	4

mazuva ebasa

рабочие дни

MO	TU	WE	TH	FR	SA	SU
1	2	3	4	5	6	7
8	9	10	11	12	13	14
15	16	17	18	19	20	21
22	23	24	25	26	27	28
29	30	31	1	2	3	4

kupera kwevhiki

выходные

gore
год

mvura
дождь
muraraungu
радуга
chando
снег
mhepo
ветер
chirimo
весна
matsutso
осень
zhizha
лето
chando
зима

4.APRIL 11°
5.APRIL 4°
6.APRIL 13°
7.APRIL 8°
8.APRIL 10°

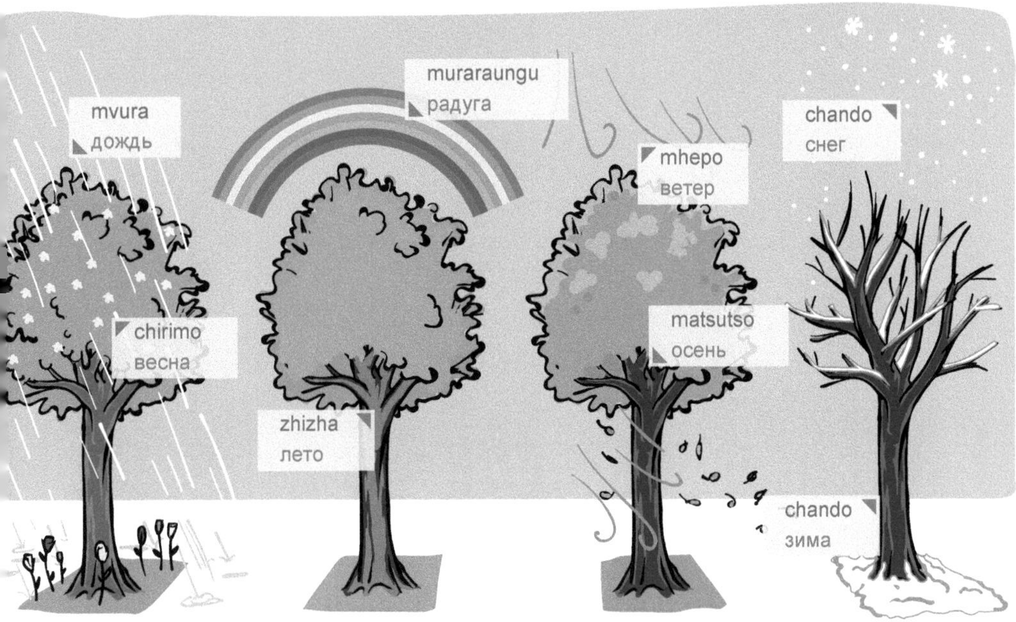

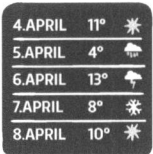

mamiriro ekunze anofungidzirwa
....
прогноз погоды

F
C
120
90
60
30
0
-30
40
30
20
10
0
-10
-20

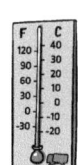

chekutoresa tembiricha
....
термометр

zuva
....
солнечный свет

makore
....
туча

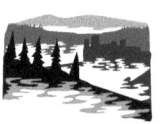

mhute
....
туман

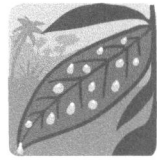

hunyoro
....
влажность воздуха

mheni

молния

kutinhira

гром

dutu

буря

chivhuramabwe

град

mhepo ine mvura

муссон

mafashamo

наводнение

mazaya echando

лёд

Ndira

январь

Kukadzi

февраль

Kurume

март

Kubvumbi

апрель

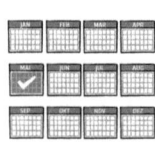

Chivabvu

май

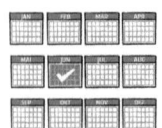

Chikumi

июнь

Chikunguru

июль

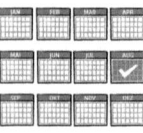

Nyamavhuvhu

август

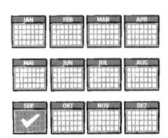

Gunyana

сентябрь

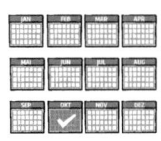

Gumiguru

октябрь

Mbudzi

ноябрь

Zvita

декабрь

mashepu

формы

denderedzwa

круг

sikweya

квадрат

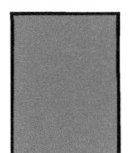

rectangle

прямоугольник

triangle

треугольник

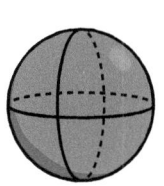

bhora

шар

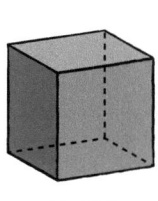

bhokisi

куб

chena

белый

yero

желтый

orenji

оранжевый

pingi

розовый

tsvuku

красный

pepuru

лиловый

bhuruu

синий

girini

зелёный

kaki

коричневый

gireyi

серый

nhema

черный

zvakawanda / zvishoma

много / мало

hasha / dzikama

яростный / мирный

naka / shata

красивый / уродливый

kutanga / kuguma

начало / конец

hombe / diki

большой / маленький

jeka / rima

светлый / темный

hanzvadzikomana /
hanzvadzisikana

брат / сестра

chena / sviba

чистый / грязный

kwana / kusakwana

полный / неполный

masikati / usiku

день / ночь

yakafa / mhenyu

мёртвый / живой

pamhamha / tetepa

широкий / узкий

unodyiwa / haudyiwi

съедобный / несъедобный

utsinye / mutsa

злой / дружелюбный

kunakidzwa / kufinhwa

взволнованный / скучающий

kobvuka / tetepa

толстый / худой

kutanga / kupedzisira

сначала / в конце

shamwari / muvengi

друг / враг

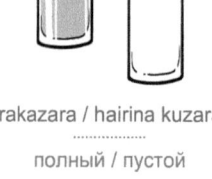

rakazara / hairina kuzara

полный / пустой

oma / pfava

твёрдый / мягкий

rema / reruka

тяжёлый / лёгкий

nzara / nyota

голод / жажда

kurwara / kugwinya

больной / здоровый

zvisiri pamutemo / zviri pamutemo

незаконный / законный

kungwara / kupusa

умный / глупый

ruboshwe / rudyi

слева / справа

pedyo / kure

близко / далеко

matsva / matsaru

новый / подержанный

hapana / chiripo

ничто / нечто

kuru / duku

старый / молодой

batidza/dzima

включено / выключено

vhurika / vharika

открыто / закрыто

nyarara / ruzha

тихо / громко

mupfumi / murombo

богатый / бедный

chakanaka / chakaipa

правильный /
неправильный

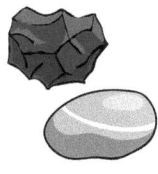

kukasharara /
kutsvedzerera

шероховатый / гладкий

kusuwa / kufara

печальный / счастливый

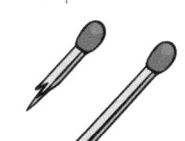

pfupi / refu

короткий / длинный

nonoka / kurumidza

медленный / быстрый

nyoro / oma

мокрый / сухой

dziya / tonhora

тёплый / прохладный

hondo / rugare

война / мир

0

zero

ноль

1

potsi

один

2

piri

два

3

tatu

три

4

ina

четыре

5

shanu

пять

6

nhanhatu

шесть

7

nomwe

семь

8

sere

восемь

9

pfumbamwe

девять

10

gumi

десять

11

gumi neimwe

одиннадцать

12

gumi nembiri

двенадцать

13

gumi netatu

тринадцать

14

gumi neina

четырнадцать

15

gumi neshanu

пятнадцать

16

gumi nenhanhatu

шестнадцать

17

gumi nenomwe

семнадцать

18

gumi nesere

восемнадцать

19

gumi nepfumbamwe

девятнадцать

20

makumi maviri

двадцать

100

zana

сто

1.000

chiuru

тысяча

1.000.000

miriyoni

миллион

Chirungu

английский

Chirungu chekuAmerica

американский английский

Mandarin yekuChina

мандаринский китайский

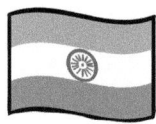

ChiHindi

хинди

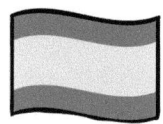

ChiSpanish

испанский

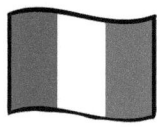

ChiFrench

французский

ChiArabic

арабский

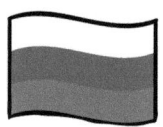

ChiRussian

русский

ChiPortuguese

португальский

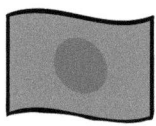

ChiBengali

бенгальский

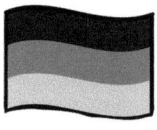

ChiGerman

немецкий

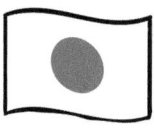

ChiJapanese

японский

ini

я

iwe / imi

ты

iye

он / она / оно

isu

мы

imi

вы

ivo

они

ani?

кто?

chii?

что?

sei?

как?

kupi?

где?

riini?

когда?

zita

имя

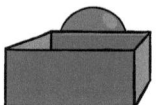

seri

за

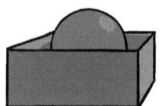

mukati

в

pamberi

перед

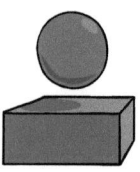

nepamusoro

над

pamusoro

на

pasi

под

divi

рядом

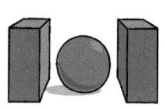

pakati

между

nzvimbo

место